Corrado Conforti · Linda Cusimano

Linea diretta neu 1b

Ein Italienischkurs für Anfänger

Lernvokabelheft

Max Hueber Verlag

3. 2. 1. | Die letzten Ziffern
2008 07 06 05 04 | bezeichnen Zahl und Jahr des Druckes.
Alle Drucke dieser Auflage können, da unverändert,
nebeneinander benutzt werden.
1. Auflage

Zeichnungen: Monika Kasel, Düsseldorf
Umschlaggestaltung: Büro Sieveking, München
Druck und Bindung: J. P. Himmer GmbH & Co KG, Augsburg
Printed in Germany
ISBN 3-19-065344-5

Vorwort

Sicher haben Sie schon bemerkt, dass Sie bereits gelernte Vokabeln bald wieder vergessen haben. Es hängt damit zusammen, dass Sie die Wörter nicht ständig gebrauchen und die Sprache auch nicht immer hören. Umso wichtiger ist es, den Wortschatz der Lektionen mehrmals und in verschiedenem Zusammenhang zu erfassen. Das vorliegende ***Lernvokabelheft*** soll Ihnen dabei helfen. Sie finden hier die wichtigsten Wörter und Ausdrücke aus jeder Lektion und können sich »spielerisch« mit ihnen beschäftigen.

- Der Lektionswortschatz ist thematisch angeordnet. Sinnverwandte Wörter oder den Wortschatz einer speziellen Sprechsituation erfassen Sie so auf einen Blick.

- Lustige und spielerische Übungen sind in die Wortschatzpräsentation eingeschoben. Die Lösungen finden Sie am Ende des ***Lernvokabelheftes***.

- ***Nota bene!*** lenkt Ihre Aufmerksamkeit auf Besonderheiten der italienischen Sprache.

- Jede Lektion enthält ganz konkrete ***Lerntipps***, die Sie anhand von Übungen sofort in die Tat umsetzen können.

- Viele Illustrationen sind dem Lehrbuch ***Linea diretta*** entnommen, um eine »Lernbrücke« vom Lehrbuch zum ***Lernvokabelheft*** zu schlagen.

- Das Lernvokabelheft passt in jede Tasche. Sie können für sich alleine oder aber gemeinsam in Ihrem Sprachkurs trainieren.

Inhalt

Ci vediamo domani

lo spettacolo	Vorstellung
la commedia musicale	Musical
il balletto	Ballett
l'opera	Oper
l'operetta	Operette
il cinema	Kino
il concerto	Konzert
la conferenza	Vortrag
la partita	Fußballspiel
il comizio	Kundgebung

l'auditorium	Hörsaal, Auditorium
lo stadio	Stadion
l'università	Universität
il cinema	Kino
il teatro	Theater

1 Orden Sie die jeweiligen Veranstaltungen dem entsprechenden Veranstaltungsort zu.

auditorium →	concerto	commedia	cinema
stadio	conferenza	partita	teatro
università	comizio	film	piazza

il botteghino	Theaterkasse
il biglietto	Eintrittskarte
il sipario	Vorhang
l'applauso	Applaus, Beifall
lo spettatore	Zuschauer
battere le mani	klatschen
il successo	Erfolg
andare in scena	aufgeführt werden

la platea	Zuschauerraum
debuttare	Premiere haben
il pubblico	Publikum
la critica	Kritik

② Die markierten Kästchen ergeben den Namen des Autors, der mit Sandro Giovannini «Rugantino» geschrieben hat.

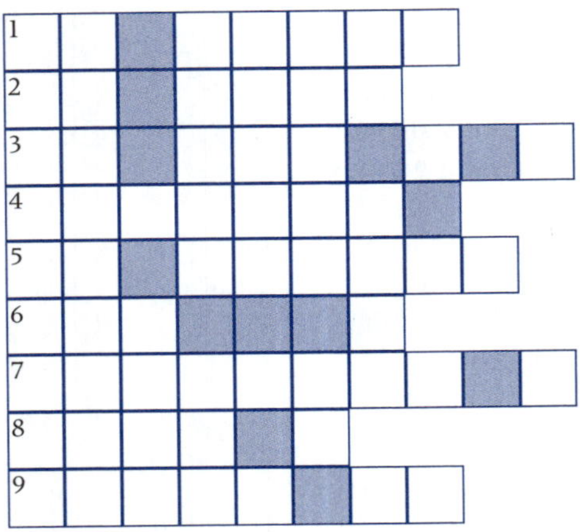

____

1. Lo ricevono alla fine gli attori.
2. Parla, bene o male, di uno spettacolo.
3. Pagano per entrare a teatro.
4. Si dice che lo ha lo spettacolo quando piace.
5. Si paga per entrare.
6. Cala alla fine dello spettacolo.
7. Lì spesso a teatro si fa la fila.
8. Lì nel teatro sono i posti a sedere.
9. Assiste allo spettacolo.

③ Hier sind sechs Ihnen bekannte Begriffe enthalten. Die übrigen Silben ergeben aneinandergereiht den Namen einer berühmten Oper Verdis.

UNCONCERTOBALPARTITALOCONFERENZAINMACOMMEDIASCH-BALLETTOERAOPERA

avere voglia	Lust haben
invitare	einladen
accettare	annehmen
rifiutare	ablehnen
pregare	bitten
promettere	versprechen

Lerntipp

Wenn Sie das nächste Mal im Theater sind, versuchen Sie, die Ihnen bekannten Theaterobjekte in Gedanken auf Italienisch auszudrücken.

④ Setzen Sie die folgenden Verben in die Sätze ein.

accettare — invitare — pregare — promettere — rifiutare

a. Mario è proprio simpatico. Lo vorrei ________________ a cena una di queste sere.

b. Certo che vengo! Il tuo è un invito che non posso ________________ .

c. È una proposta interessante. La possiamo ________________ .

d. Ti racconto una cosa; ma devi ________________ di non dirla a nessuno.

e. Se vieni, mi fa piacere, ma non ti voglio ________________ .

5 Gli inviti
Formulieren Sie anhand der folgenden Satzbruchstücke Fragen.

a. a – sera – voglia – teatro – di – hai – andare – sabato?

____

b. domani – andare – ne – di – al – che – mare – dici?

____

c. pizza – a – stasera – una – insieme – mangiare – andiamo?

____

d. noi – uscire – va – ti – di – domani – con?

____

e. centro – passeggiata – una – non – bella – perché – in – domenica – facciamo?

____

f. di – caffè – volevo – un – domani – proporti – insieme – sera – prendere

____

6 Formulieren Sie mit Hilfe der folgenden Adjektive Sätze des Typs:
«Trastevere è il quartiere più romano della capitale.»

famoso/famosa – interessante – amato/amata – conosciuto/conosciuta – bello/bella – caro/cara – elegante

la madre	Mutter
il padre	Vater
il fratello	Bruder
la sorella	Schwester
il figlio	Sohn
la figlia	Tochter
il nonno	Großvater

la nonna	Großmutter
il cugino	Cousin
la cugina	Cousine
il nipote	Enkelkind, Neffe
la nipote	Enkelkind, Nichte
lo zio	Onkel
la zia	Tante
il suocero	Schwiegervater
la suocera	Schwiegermutter
la nuora	Schwiegertochter
il genero	Schwiegersohn
il cognato	Schwager
la cognata	Schwägerin
il padrino	Taufpate
la madrina	Taufpatin

(7) Die Verwandten von Felice Buontempo sind lustige Leute! Lesen Sie, wie sie sich an Felices Hochzeitstag den Freunden der Braut vorgestellt haben.

a. Io sono Mario, il figlio del nonno di Felice e questa è Franca, la figlia di mia suocera.

b. Io sono Andrea e oggi sono diventato il cognato della sposa.

c. Io sono Cesare, il padre del cugino di Felice.

d. Io sono il figlio della sorella di Felice.

e. Io sono la figlia del marito della zia di Felice.

Wie sind diese Personen mit Felice verwandt?

a. ______________________________

b. ______________________________

c. ______________________________

d. ______________________________

e. ______________________________

(8) Wie sind bzw. waren diese berühmten Personen miteinander verwandt?

Eva e Caino	______________________
Romolo e Remo	______________________
Alice e Ellen Kessler	______________________
Abramo e Isacco	______________________
Giuseppe e Maria	______________________
Ingrid Bergmann e Isabella Rossellini	______________________
Hänsel e Gretel	______________________

Lerntipp

Mit einem persönlichen Bezug lernt es sich besser. Zeichnen Sie den Stammbaum Ihrer Familie und schreiben Sie unter den jeweiligen Namen, in welchem Verwandtschaftsverhältnis die Person zu Ihnen steht.

(9) Rückblick

Was machen Sie normalerweise abends? Bleiben Sie zu Hause oder gehen Sie mit Freunden aus? Gehen Sie gerne ins Theater? Was haben Sie zuletzt im Theater gesehen? Schreiben Sie eine kurze Film- oder Theaterkritik.

Che taglia porta?

il negozio di abbigliamento	Bekleidungsgeschäft
la giacca	Jacke, Sakko
il pullover	Pullover
il cappotto	Mantel
l'impermeabile (*m.*)	Regenmantel
i pantaloni (*pl.*)	Hose
la camicia	Hemd
la cravatta	Krawatte
la cintura	Gürtel
la sciarpa	Schal
la scarpa	Schuh
la calza	Strumpf
il calzino	Socke
la camicetta	Bluse
la gonna	Rock
il vestito	Kleid, Anzug
il guanto	Handschuh
il bottone	Knopf
la tasca	Tasche
mettere	anziehen
comprare	kaufen
provare	anprobieren
la taglia	Größe
il camerino	Umkleidekabine

(1) Schreiben Sie unter jede Abbildung die italienische Bezeichnung.

1

2

3
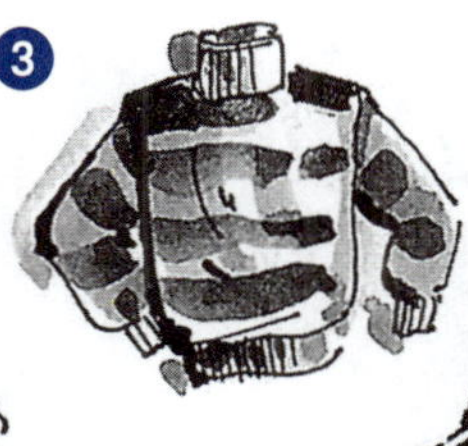

4

5
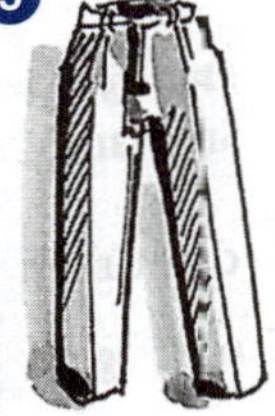

② Wie kleidet sich Antonio? Von den Socken bis zum Schal – welche der unten genannten Kleidungsstücke zieht er nacheinander an? Die Buchstaben in den markierten Kästchen ergeben den Namen der abgebildeten Schuhe.

sciarpa • camicia • cintura • cappotto
cravatta • scarpe • pantaloni • giacca

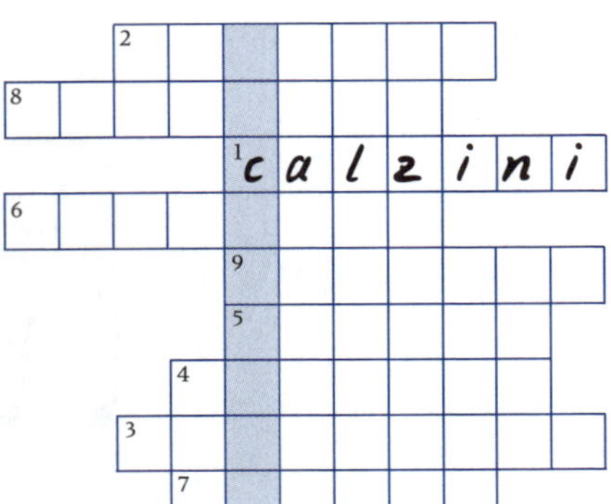

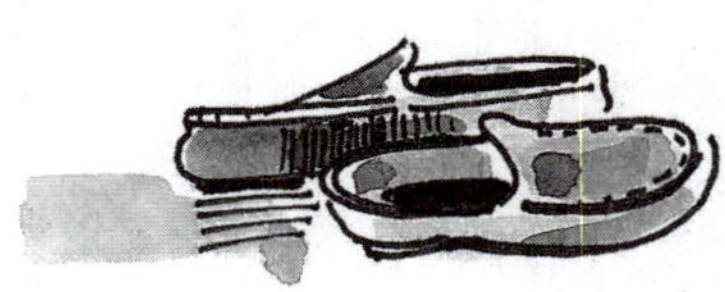

Lerntipp

Malen Sie die kleinen Kästchen mit den entsprechenden Farben aus. Sie können sie sich dann gleich besser merken.

il colore		Farbe
chiaro		hell
scuro		dunkel
bianco	☐	weiß
nero	☐	schwarz
rosso	☐	rot
giallo	☐	gelb
grigio	☐	grau
azzurro	☐	mittelblau
celeste	☐	hellblau
verde	☐	grün
marrone	☐	braun
rosa	☐	rosa
viola	☐	violett
blu	☐	dunkelblau
a quadri		kariert
a righe		gestreift
la stoffa		Stoff
la lana		Wolle
il cotone		Baumwolle
la seta		Seide
il lino		Leinen
la pelle		Leder
il camoscio		Wildleder

③ Sie finden hier die Namen von sechs Kleidungsmaterialien versteckt.

b	l	e	c	r	l	l	u
c	a	m	o	s	c	i	o
s	n	c	t	e	o	n	n
i	a	s	o	t	e	o	i
u	n	m	n	a	a	f	i
o	s	p	e	l	l	e	o

Lerntipp

Konzentrieren Sie sich auf das, was Sie als Kunde / Kundin auch selbst sagen würden. Den Verkäufer müssen Sie lediglich verstehen.

il numero	Größe, Schugröße
la misura	Größe
modificare	ändern
stringere	enger machen
allargare	weiter machen
allungare	verlängern
accorciare	kürzen
stretto	eng
largo	weit
lungo	lang
corto	kurz
sportivo	sportlich
robusto	stark, kräftig

4 Fügen Sie die folgenden Adjektive ein. Achten Sie dabei auf die richtigen Endungen.

lungo | corto | grande | piccolo | largo | stretto

a. New York è una ________________ città.

b. Una pensione è un ________________ albergo.

c. Questo pullover va bene per te che sei più robusto di me,
per me è ________________ .

d. Una vacanza di due mesi è una ________________ vacanza.

e. Una minigonna è una gonna molto ________________ .

f. I blue jeans sono pantaloni molto ________________ .

il collo	Hals
la spalla	Schulter
la vita	Taille
la manica	Ärmel

lo stivale	Stiefel
il tacco	Absatz
alto	hoch
basso	niedrig
la borsa	Tasche
la pelle	Leder

Lerntipp

Trainieren Sie Ihr Gedächtnis, indem Sie die Leute um sich herum beobachten und dabei ihre Kleidungsstücke, deren Farben und Stoffe registrieren, so als wollten Sie jemandem die Person beschreiben.

⑤ Come si chiamano?

Teresa è quella con i pantaloni neri e la giacca a quadri.
Marta ha una minigonna chiara e le scarpe con il tacco alto.
Sergio è sempre molto elegante, non esce mai senza cravatta.
Massimo è quello con i jeans stretti e gli stivali.
Antonio ha una giacca di lana e un paio di pantaloni grigi.
Gianna ha la giacca con le maniche corte e la gonna scura.

⑥ Die Zwillinge Patrizia und Letizia unterscheiden sich in puncto Mode sehr.

a. A Patrizia piacciono le gonne corte, a Letizia quelle ___________.

b. Patrizia preferisce i vestiti larghi, Letizia quelli ___________.

c. Patrizia mette di solito le scarpe con il tacco basso, Letizia quelle con il tacco ___________.

d. Patrizia è un tipo sportivo, Letizia invece è sempre ___________.

e. A Patrizia piacciono i colori chiari, a Letizia quelli ___________.

⑦ Bringen Sie den Dialog zwischen der Verkäufering und dem Kunden in die richtige Reihenfolge. Die Buchstaben ergeben den Namen eines berühmten italienischen Modedesigners.

▲ E in che colore c'è? (S)

▲ Sono grandi. Non c'è una taglia più piccola? (R)

■ In blu ce l'ho in un modello un po' diverso. (R)

■ Certo. Vado a prenderlo. (I)

■ Sì, c'è la 48, ma non in questo colore. (U)

▲ In blu non c'è? (A)

▲ Posso vederlo? (D)

■ Come vanno i pantaloni? (T)

■ Be', in grigio e in marrone. (S)

⑧ Rückblick

Sind sie bereits in Italien gewesen? Finden Sie, dass die Menschen sich dort anders kleiden als in Ihrem Heimatland? Legen Sie viel Wert auf Ihr Aussehen? Zu welchen Anlässen finden Sie es wichtig, sich elegant zu kleiden?

Hai portato tutto?

festeggiare	feiern
il carnevale	Karneval, Fasching
la Pasqua	Ostern
il Natale	Weihnachten
San Silvestro	Silvester
aiutare	helfen
dare una mano	helfen
scaricare la macchina	das Auto ausräumen
scaricare	entladen
apparecchiare la tavola	den Tisch decken
apparecchiare	decken
la tavola	Tisch
mettere in ordine	aufräumen
fare le valigie	einpacken (*Gepäck*)
cucinare	Kochen
riparare	reparieren
accorciare	kürzen

1 Claudios Klagelied

Ergänzen Sie den Text mit den folgenden Verben.

aiutare • accorciare • apparecchiare • cucinare •
lavare • riparare • scaricare

Ho la macchina piena, la devo ________________

e i jeans che sono lunghi si devono ________________ .

La bicicletta è rotta, si deve ________________

e i piatti che son sporchi si devono ________________ .

E poi c'è ancora il pesce che devo ________________

e la tavola infine che devo ________________ .

Chi è che mi dà una mano? Chi mi vuole ________________ ?

Io sono troppo stanco, mi voglio riposare.

LEZIONE 3

la tovaglia	Tischdecke
il tovagliolo	Serviette
il piatto	Teller
il bicchiere	Glas
la posata	Besteck
la forchetta	Gabel
il coltello	Messer
il cucchiaio	Löffel
la forchettina	Dessertgabel, Kuchengabel
il coltellino	Dessertmesser
la caraffa	Karaffe
la saliera	Salzstreuer
il portapepe	Pfefferstreuer
la tazzina	Kaffeetasse

Nota bene!

un bicchiere **di** vino – un bicchiere **da** vino
Kennen Sie den kleinen Unterschied? Beim ersten handelt es sich um ein »Glas Wein«, beim zweiten um ein »Weinglas«!

② Und jetzt wissen Sie bestimmt, worum es geht. Schreiben Sie die deutsche Übersetzung.

una tazza di caffè	____________________
una tazza da tè	____________________
una bottiglia di birra	____________________
un bicchiere da birra	____________________
un coltello da pesce	____________________
un cucchiaino di zucchero	____________________
un piatto di pasta	____________________
una caraffa di vino	____________________

③ Schreiben Sie neben die Nummern den Begriff für die abgebildeten Gegenstände.

1	________	6	________	11	________
2	________	7	________	12	________
3	________	8	________	13	________
4	________	9	________	14	________
5	________	10	________		

la chitarra	Gitarre
la cassetta	Kassette
il disco	Schallplatte
lo stereo	Stereoanlage
il gioco	Spiel
la carta	(Spiel)Karte
la tombola	Lottospiel
il fiore	Blume
il regalo	Geschenk
la decina	etwa zehn
la dozzina	Dutzend
il centinaio (*pl.* centinaia)	etwa hundert
il migliaio (*pl.* migliaia)	etwa tausend

④ Cruciverba

Was braucht man, um Silvester zu feiern? Einiges finden Sie in diesem Kreuzworträtsel. Sie müssen nur die Vokale einfügen.

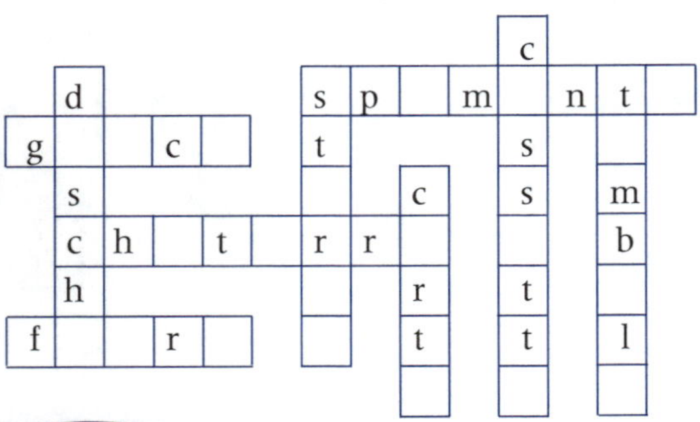

Lerntipp

Lernen Sie selbstständig und differenziert, d.h. prägen Sie sich nur die Vokabeln ein, die Sie wirklich für Ihre Zwecke brauchen. Alles andere brauchen Sie nur zu verstehen.

trascorrere	verbringen
la mezzanotte	Mitternacht
l'attesa	Erwartung

mancare	fehlen
tirare fuori	herausholen
brindare	prosten, anstoßen
ammazzare l'anno vecchio	das alte Jahr vertreiben (*wörtlich:* das alte Jahr töten)
ammazzare	töten
accendere	anzünden
il razzo	Rakete
la girandola	Feuerrad
regalarsi	sich schenken
la biancheria	Wäsche
gettare	werfen
l'oggetto	Gegenstand
la finestra	Fenster
il cielo	Himmel
riempirsi	sich füllen
l'usanza	Brauch
la tradizione	Tradition, Brauch
accogliere	empfangen
celebrare	feiern
augurarsi	sich wünschen
la salute	Gesundheit
cattivo	schlecht
l'abitudine	Gewohnheit
la sigaretta	Zigarette
smettere	aufhören
fumare	rauchen
il fumo	Rauch
provare a	versuchen
riuscire a	schaffen, gelingen
fare dei propositi	sich etwas vornehmen
il proposito	Vorhaben, Absicht

⑤ Feiern Sie Silvester wie die Italiener? Kreuzen Sie an, was auch für Sie zutrifft.

1. accendere razzi e girandole ❑
2. brindare ❑
3. mangiare le lenticchie ❑
4. regalarsi biancheria rossa ❑
5. giocare a tombola ❑
6. giocare a carte ❑
7. gettare oggetti dalla finestra ❑
8. augurarsi la salute ❑
9. ballare ❑
10. fare dei propositi ❑

⑥ Ergänzen Sie den Text mit den folgenden Verben.

mancano • ammazzare • accendono • trascorre •
gioca • salutare • brinda

Come si ________________ la notte dell'ultimo dell'anno in Italia? Si mangia e si ________________, poi quando ________________ pochi minuti a mezzanotte, si tira fuori lo spumante dal frigorifero e si ________________ al nuovo anno. A questo punto si esce in balcone e per ________________ l'anno vecchio, ma anche per ________________ quello nuovo, si ________________ razzi e girandole e il cielo si riempie di luci di ogni colore.

il pacchetto	Schachtel, Päckchen
la scatola	Schachtel
la gomma	Radiergummi
la penna	Kugelschreiber, Füller
il filo	Faden, Zwirn
l'ago	Nadel
il cerotto	Pflaster
lo spazzolino	Zahnbürste
il dentifricio	Zahnpasta

il francobollo	Briefmarke
l'accendino	Feuerzeug
la salumeria	Wurstwarengeschäft
la cartoleria	Schreibwarengeschäft
la merceria	Kurzwarenhandlung
la tabaccheria	Tabakladen
la profumeria	Parfümerie

⑦ Hier ist der Einkaufszettel von Maria. In welche Läden soll sie gehen? Verbinden Sie die Einkäufe mit den einzelnen Geschäften.

Comprare

un dentifricio
un accendino
una penna
degli aghi
un etto di prosciutto

cartoleria
salumeria
farmacia
tabaccheria
merceria

volerci	nötig sein, genau das Richtige sein
sbrigarsi	sich beeilen
farcela	es schaffen
in fretta	schnell
occorrere	brauchen
iniziare	anfangen, beginnen
la primavera	Frühling
l'estate	Sommer
l'autunno	Herbst
l'inverno	Winter

Nota bene!

Nach einigen Verben (z. B. *iniziare, cominciare, riuscire*) folgt die Präposition **a**, nach anderen (z. B. *finire, smettere)* **di**. Wiederum andere Verben (z. B. *occorrere*) benötigen keine Präposition. Lernen Sie deshalb die Verben mit ihrer Ergänzung.

(8) Unter den folgenden Verben/Ausdrücken gibt es immer zwei, die eine ähnliche Bedeutung haben. Welche gehören zusammen?

aiutare	cominciare	dare una mano	farcela
fare in fretta	finire	iniziare	occorrere
smettere	sbrigarsi	volerci	riuscire

_______________ _______________ _______________ _______________

_______________ _______________ _______________ _______________

_______________ _______________ _______________ _______________

(9) Folgende Sätze stammen aus dem Lehrbuch. Ergänzen Sie sie mit den obigen Verben.

a. Claudio, mi ____________ ad apparecchiare la tavola?
b. Marzia, mi ___________________ a scaricare la macchina?
c. Per S. Silvestro la tombola ____________!
d. Dai, Claudio, i negozi chiudono fra mezz'ora: se ___________, ____________ . Ma fai in fretta!
e. Senti, Marzia, adesso vado in paese. Ti ______________ qualcosa?
f. Con il nuovo anno alcune persone provano a _________ di fumare. Non tutti però ci _______________.
g. Il 21 marzo ______________ l'inverno e ____________ la primavera.

⑩ Cruciverba

Alle gesuchten Wörter beginnen mit dem gleichen Buchstaben.

1. La quarta lettera dell'alfabeto.
2. La preposizione italiana per *seit* e *aus.*
3. Si dice a un amico quando deve fare qualcosa.
4. Il giorno, il mese e l'anno.
5. Ci vuole per ballare.
6. Vuol dire *quasi dieci.*
7. Dodici cose.
8. L'ultimo mese dell'anno.
9. Il contrario di *facile.*
10. Il contrario di *annoiarsi.*
11. È in bagno vicino allo spazzolino.

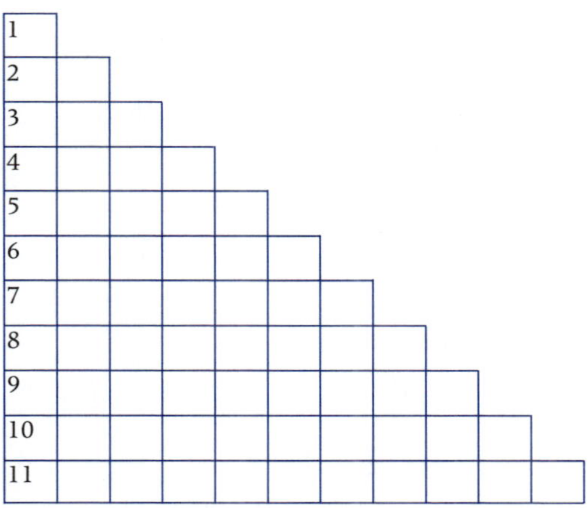

⑪ Rückblick

Feiern Sie gerne? Wann haben Sie das letzte Mal gefeiert? Wer war dabei? Was haben Sie gemacht? Welche Feste und Traditionen in Ihrem Land mögen Sie? In welcher Jahreszeit finden sie statt?

Vorrei alcune informazioni

alcuni / alcune (*pl.*)	einige
l'informazione (*f.*)	Auskunft
viaggiare	reisen
il viaggio	Reise
l'agenzia di viaggi	Reisebüro
il dépliant	Prospekt
la prenotazione	Reservierung
il mezzo di trasporto	Verkehrsmittel
il treno	Zug
il posto	Platz
il vagone letto	Schlafwagen
la cuccetta	Liegeplatz
il finestrino	Fenster (*Zug, Flugzeug, Auto*)
il corridoio	Gang
lo scompartimento	Abteil
l'aereo	Flugzeug
il volo	Flug
la nave	Schiff
la crociera	Kreuzfahrt
la cabina	Kabine
la poltrona	Sitzplatz, Sessel
il biglietto di andata e ritorno	Hin- und Rückfahrkarte
il biglietto	Fahrkarte
la classe	Klasse
il supplemento	Zuschlag, Aufpreis
la tariffa	Tarif, Preis
la linea	Strecke
la mongolfiera	Heißluftballon
la bicicletta	Fahrrad
la motocicletta	Motorrad
il cavallo	Pferd

Lerntipp

Wörter im Familienverband prägen sich rascher ein. Probieren Sie es mit der nächsten Übung.

① Welche Wörter fallen Ihnen zu jedem der folgenden Verkehrsmittel ein?

treno aereo nave

Nota bene!

Alle Wörter, die im Italienischen auf **-zione** enden, sind weiblich.

② Cruciverba

Alle hier gesuchten Wörter enden auf *-zione*. Die markierten Kästchen ergeben die ersten fünf Buchstaben eines Lösungswortes, das ebenfalls auf *-zione* endet.

1 c				z	i	o	n	e			
2 s			z	i	o	n	e				
3 p							z	i	o	n	e
4 l		z	i	o	n	e					
5 i							z	i	o	n	e

1. Gli italiani spesso la fanno al bar con un cappuccino.
2. Da qui partono i treni.
3. Si fa prima di partire o di andare in albergo.
4. La studiano gli studenti.
5. Si chiede se si vuole sapere qualcosa.

LEZIONE 4

quanto ...?	Wie lange ...?
durare	dauern
la durata	Dauer
ci vuole/ ci vogliono	man braucht
occorrere	brauchen, benötigen
convenire	sich lohnen
servire	*hier:* notwendig sein
la partenza	Abfahrt
il traffico	Verkehr
noleggiare	mieten (*Auto, Boot* ...)
la vettura	Fahrzeug
fare rifornimento	tanken
il porto	Hafen
l'aeroporto	Flughafen
la stazione	Bahnhof
cambiare treno	umsteigen
il fumatore	Raucher
il finestrino	Fenster
dentro	drinnen, innen
fuori	draußen, außen
soffrire	leiden
il mal di mare	Seekrankheit
breve	kurz
economico	preiswert, günstig
vietato	verboten
la mattina / di mattina	morgens / am Vormittag
il pomeriggio / di pomeriggio	nachmittags / am Nachmittag
la sera / di sera	abends / am Abend
la notte / di notte	nachts / in der Nacht

③ Folgende Verben und Substantive haben denselben Stamm. Ergänzen Sie die fehlenden Wörter (bei Substantiven auch den Artikel). Das erste Beispiel ist angegeben.

partire → *la partenza*

______________ → _____ arrivo

informare → _____ ______________

______________ → _____ prenotazione

______________ _____ durata

viaggiare → _____ ______________ / _____ viaggiatore

______________ → _____ pagamento

______________ → _____ cambio

______________ → _____ fumo / _____ ______________

④ Ergänzen Sie die Sätze mit dem passenden Verb und konjugieren Sie es, wenn nötig.

cambiare	chiedere	durare	fumare	volerci
noleggiare	occorrere	prenotare	viaggiare	

a. Quanto tempo __________ il viaggio?

b. Quante ore __________ da Genova a Pisa in treno?

c. L'anno scorso in Sardegna noi ____________________ una macchina.

d. Le posso __________ un'informazione?

e. Per Venezia deve __________ treno a Verona.

f. Mi scusi, signora, ma in questo scompartimento è vietato __________.

g. È ancora possibile __________ una cuccetta per stasera?

h. Preferisce __________ di giorno o di notte?

i. Dall'albergo alla spiaggia si può andare a piedi o mi

__________ la macchina?

stressante	stressig
comodo	bequem
secondo me	meiner Meinung nach
secondo	nach Meinung von
metterci	brauchen
dipende da	es hängt davon ab
in effetti	in der Tat, eigentlich
dare un colpo di telefono	kurz anrufen
regolare	regeln
entro	innerhalb
qualche (+ *sing.*)	einige
supplemento	Zuschlag
la guida	Reiseführer
il catalogo	Katalog

Nota bene!

Vergessen Sie nicht, dass auf das Wort **qualche** immer ein Substantiv im Singular folgt!

(5) Wie sagt man auf Italienisch?

a. Ich hätte gerne einige Auskünfte.

____

b. Was kostet die Fahrkarte?

____

c. Wie lange braucht man mit dem Zug?

____

d. Ist das der billigste Tarif?

____

e. Gibt es noch Plätze im Schlafwagen?

____

f. Können Sie zwei Fensterplätze reservieren?

____

g. Haben Sie einige Prospekte über Rom?

____

h. Ist die Abfahrtszeit ist immer die gleiche oder hängt sie vom Tag ab?

____

i. Können Sie mich später kurz anrufen?

____

j. Meiner Meinung nach ist es besser, sofort zu reservieren.

____

oggi	heute
domani	morgen
la mattina	Morgen
di mattina	morgens
il pomeriggio	Nachmittag
di pomeriggio	nachmittags
buon viaggio!	gute Reise!
la partenza	Abfahrt
l'arrivo	Ankunft
cambiare	umsteigen
la coincidenza	Anschluss
il ritardo	Verspätung
il binario	Gleis
fumare	rauchen
il fumo	Rauch
il fumatore	Raucher

⑥ Die nächsten Angaben sind lückenhaft. Können Sie sie mit den folgenden Wörtern auffüllen?

cambiare • cataloghi • cuccetta • finestrino • mattina • ora
pomeriggio • supplemento • treno • vagone letto

a. Vuole i posti in ______________ o in __________________?

b. Per andare a Modena deve ______________ a Bologna.

c. Sei partito in __________ o in aereo?

d. I posti accanto al ______________ o vicino al corridoio?

e. Preferisce partire di ______________ o di ______________?

f. Se prende l'Eurocity delle 11.20 deve pagare il ______________.

g. All'agenzia mi hanno dato alcuni __________ con i prezzi degli alberghi.

h. Per il biglietto può passare fra qualche ______________.

⑦ Rita und Michele sprechen über ihre Reisegewohnheiten. Vervollständigen Sie die Berichte.

Di solito preferisco ______________ in aereo. Per avere delle ______________ economiche però bisogna prenotare molto tempo prima della ______________. E questo è un ______________ perché si deve programmare tutto e non si può ____________ idea all'ultimo ____________.

cambiare
momento
problema
partenza
tariffe
viaggiare

Io viaggio quasi sempre ____ treno. Non ho la ____________ e per viaggiare in aereo _____________ troppi soldi. Quando faccio un viaggio lungo preferisco partire _____ sera. Prendo quasi sempre il ____________ letto e così viaggio _____________. Inoltre ____________ leggere, guardare il panorama e parlare _____ gli altri viaggiatori.

macchina
con
posso
vagone
di
in
ci vogliono
comodamente

l'autostrada	Autobahn
l'automobilista (*m.+f.*)	Autofahrer
il pagamento	Bezahlung
il pedaggio	Mautgebühr
l'entrata	Einfahrt
l'uscita	Ausfahrt
l'autogrill	Autobahnraststätte
il tratto	Strecke, Abschnitt
il casello	Mautstelle
la coda	Schlange
i lavori in corso	Baustelle
la galleria	Tunnel
la tessera magnetica	Magnetkarte
il denaro	Geld
il resto	Rest
il secondo	Sekunde
la trasmissione	Sendung
trasmettere	senden
ricevere	empfangen
evitare	vermeiden
bastare	genügen
accendere	einschalten
avere fretta	es eilig haben
servire	brauchen
unico	einzig

8 Bei den Begriffen, die erklärt werden, fehlen mehrere Buchstaben. Vervollständigen Sie das gesuchte Wort.

a. In Italia quando si entra in autostrada si deve ritirare il biglietto al _ a s _ _ l _.

b. All'uscita bisogna pagare il p _ _ _ g _ _ _.

c. Un posto dove si fa una sosta è un _ u _ _ g _ _ _ l.

d. Onda Verde è una t _ _ s _ _ _ _ i o _ _ che dà informazioni sul t _ _ f _ i _ _ stradale.

e. Tante macchine una dietro l'altra formano una _ _ d _.

f. Con la tessera Viacard non serve più il d _ _ _ _ o e non si hanno problemi di r _ _ t _.

9 La piramide

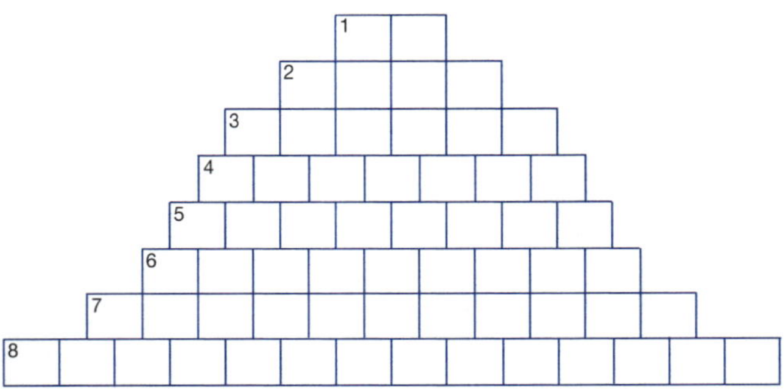

1. Un treno più caro degli altri. (Abkürzung)
2. Per andare in Sicilia invece del treno o dell'aereo.
3. C'è la prima e la seconda.
4. Da lì parte il treno.
5. Per dormire in treno.
6. Bisogna farlo all'agenzia o alla stazione.
7. Si paga sui treni rapidi.
8. In treno di solito ha sei posti.

l'avventura	Abenteuer
la disavventura	Unannehmlichkeit
la jeep	Jeep
il paese	Land, Dorf
il fiume	Fluss
il bivio	Abzweigung
l'ospitalità	Gastfreundschaft, Aufnahme
capitare	passieren
fermarsi	stehen bleiben, anhalten
portare	bringen, führen
mettersi in cammino	sich auf den Weg machen
fare l'autostop	trampen
all'improvviso	plötzlich
a un certo punto	irgendwann
a causa di	wegen
lussuoso	luxuriös
accogliente	gemütlich
salato	gesalzen
europeo	europäisch

10 In der folgenden Geschichte fehlen einige Wörter. Ergänzen Sie sie mit Hilfe der unten stehenden Definitionen.

La settimana scorsa ho comprato una __________ (1) e subito ho voluto provarla. Così domenica ho deciso di fare un giro in ____________ (2). All'inizio ho preso una strada lungo un _________ (3), e dopo qualche ora ho fatto una pausa in un __________ (4) molto carino.

(1) Macchina che si usa su strade non asfaltate.
(2) Posto fuori città.
(3) Il Po è il più lungo in Italia.
(4) Un'altra parola per Nazione o Stato, ma anche per piccola città.

Quando ho ripreso la macchina, dopo qualche _______________ (5), ho visto due ragazze che stavano facendo l'_______________ (6). Mi sono fermato e le ho invitate a salire. A un certo punto siamo arrivati ad un ___________ (7). Qui le nostre strade purtroppo si sono divise: loro sono scese ed io ho continuato da solo. Il panorama era meraviglioso: natura intatta, tanto _________ (8) e qua e là una casa isolata. Ma all'improvviso la macchina si è bloccata in un posto dove non passava anima viva. Ero rimasto senza benzina! E il ____________ (9) lì non funzionava! Mentre pensavo a cosa fare, è arrivato un ragazzo in mountain-bike che mi ha detto che il _______________ (10) più vicino era a circa 15 chilometri. Ma di domenica era ___________ (11). Mi ha detto però che poteva chiedere a suo _________ (12) che era meccanico e abitava poco lontano da lì. E infatti dopo mezz'oretta è arrivato un giovane con una macchina un po' vecchia che si è offerto di accompagnarmi a una stazione di servizio aperta dove ho comprato 10 litri di benzina. Quando siamo tornati alla macchina l'ho ringraziato e gli ho chiesto quanto gli dovevo. E lui mi ha presentato subito il conto: _______________ (13).

(5) Mille metri.
(6) Lo fanno i giovani per viaggiare gratis.
(7) Punto in cui una strada si divide in due.
(8) Il colore del basilico.
(9) Ce l'hanno in tasca quasi tutti gli italiani e serve per telefonare.
(10) Posto in cui si vende benzina o gasolio.
(11) Il contrario di «aperto».
(12) Il figlio dello zio.
(13) Un aggettivo che significa «molto caro».

11 Rückblick

Was können Sie über Ihre Reisegewohnheiten sagen? Ist Ihnen schon einmal etwas Lustiges oder auch ein Missgeschick während einer Reise passiert? Könnten Sie es auch auf Italienisch erzählen oder niederschreiben? Versuchen Sie es!

Che studi ha fatto?

la scuola materna	Kindergarten
la scuola elementare	Grundschule
la scuola media	*etwa*: die 6., 7. und 8. Klasse
l'istituto professionale	Berufsschule
l'istituto tecnico	Fachoberschule
il liceo	Gymnasium
l'università	Universität
la licenza	Abschlusszeugnis
il diploma di maturità	Abitur
la laurea	Promotion, Universitätsabschluss
la votazione	Note
la facoltà	Fakultät
vincere una borsa di studio	ein Stipendium bekommen
la borsa di studio	Stipendium
iscriversi	sich einschreiben
il curriculum vitae	Lebenslauf
il luogo di nascita	Geburtsort
la data di nascita	Geburtsdatum
la data	Datum
la nascita	Geburt
l'indirizzo	Adresse
la nazionalità	Staatsangehörigkeit
lo stato civile	Familienstand
coniugato	verheiratet
celibe	ledig (*Mann*)
nubile	ledig (*Frau)*
prestare servizio militare	Wehrdienst ableisten
il servizio militare	Wehrdienst, Militärdienst
la referenza	Referenz
la conoscenza	Kenntnis

LEZIONE 5

① Welche Wörter gehören in einem Lebenslauf zusammen?

curriculum _______________

_______________ e cognome

_______________ e data di nascita

_______________ civile

_______________ militare

_______________ conosciute

esperienze _______________

luogo lingue posizione nome stato vitae professionali

l'annuncio	Annonce, Anzeige
l'inserzione (*f.*)	Annonce, Anzeige
l'offerta di lavoro	Stellenangebot
il colloquio di lavoro	Vorstellungsgespräch
presentare una domanda d'impiego	sich bewerben
l'impiego	Stelle
fissare un appuntamento	einen Termin vereinbaren
fissare	vereinbaren, festsetzen
l'appuntamento	Termin, Verabredung
riunirsi	sich versammeln
il collaboratore	Mitarbeiter
la collaboratrice	Mitarbeiterin

② Folgende Verben und Substantive haben denselben Stamm. Tragen Sie das entsprechende Wort (bei Substantiven auch den Artikel) ein.

____________	___ iscrizione	incontrarsi	___ ____________
laurearsi	___ ____________	____________	___ trasferimento
____________	___ diploma	riunirsi	___ ____________

aber

sposarsi **il matrimonio**

la guida turistica	Reiseleiter
il direttore	Chef
la direttrice	Chefin
mettersi in proprio	sich selbständig machen
tenere la corrispondenza commerciale	Handelskorrespondenz führen
essere in grado di	in der Lage sein
sapere	fähig sein
usare il computer	den Computer benutzen
stenografare	stenografieren

Nota bene!

Haben Sie es gemerkt? Aus Maskulina die auf **-tore** enden läßt sich eine feminine Form auf **-trice** ableiten:
z. B. collabora**tore** - collabora**trice** oder diret**tore** - diret**trice**.
Ausnahme: dottore - dottoressa

③ Manche Berufe kann man aus einem Verb nach folgendem Muster ableiten. Vervollständigen Sie die Tabelle.

verbo	maschile	femminile
___________	lavoratore	___________
viaggiare	___________	___________
___________	___________	lettrice
visitare	___________	___________
___________	fumatore	___________
guidare	___________	___________
___________	sciatore	___________
scrivere	___________	scrittrice
programmare	___________	___________
___________	nuotatore	___________
aber		
insegnare	___________	___________
studiare	___________	___________

Lerntipp

Durch Assoziation lernt man besser. Versuchen Sie es mit diesem Trick: Denken Sie an Ihre Verwandten, Freunde und Bekannten. Was sind sie von Beruf? Assoziieren Sie ihre Namen mit den italienischen Berufsbezeichnungen.

④ Jedem Substantiv sein Verb
Verbinden Sie die Verben mit den passenden Substantiven in der zweiten Spalte.

tenere	un diploma
prestare	una domanda d'impiego
conseguire	un appuntamento
presentare	una borsa di studio
fissare	una corrispondenza commerciale
vincere	il servizio militare

suonare	spielen
guidare	fahren, lenken
ballare	tanzen
nuotare	schwimmen
lavorare a maglia	stricken
cucire	nähen
andare a cavallo	reiten
sciare	Ski fahren

Nota bene!

Zwei wichtige italienische Begriffe für „spielen“:

suonare ... = ein Instrument spielen
giocare ... = Sport, Karten etc. spielen

Beispiel: **suonare** la chitarra – **giocare** a tennis

⑤ Schreiben Sie unter die Zeichnungen das zutreffende Verb.

ballare	cucinare	cucire	giocare
guidare	nuotare	sciare	suonare

LEZIONE 5

Nota bene!

Das Verb «können» übersetzt man im Italienischen mit **potere** oder **sapere**.
potere = Fähigkeit / Erlaubnis **sapere** = wissen / erlernte Fähigkeit

⑥ *Posso* oder *so?* Entscheiden Sie!

a. ■ Vieni domani?
▲ No, domani non __________.

b. ■ __________ entrare?
▲ Prego, si accomodi.

c. ■ Balliamo questo tango?
▲ Mi dispiace, ma il tango non lo __________ ballare.

d. ■ Guidi tu?
▲ No, non __________. Ho bevuto troppo.

e. ■ È tua quella macchina là fuori?
▲ Io non ho la macchina. Non __________ neanche guidare.

f. ■ Dov'è andato Mario?
▲ Non lo__________. Non mi ha detto niente.

⑦ Cruciverba

Die Buchstaben in den markierten Kästchen ergeben die italienische Bezeichnung für «Lohn».

1. La legge sul giornale chi cerca lavoro.
2. Si fissa per telefono.
3. Lo presenta chi cerca lavoro.
4. Accompagna i turisti.
5. Quella «di studio» è per gli studenti più bravi.
6. Un uomo non sposato.
7. Si prende alla fine del liceo.

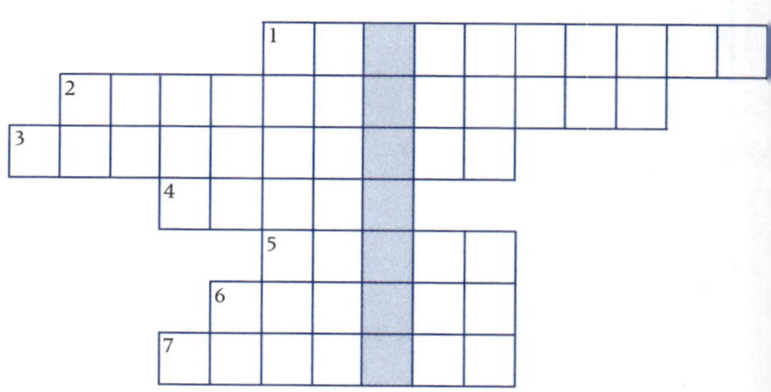

l'attore	Schauspieler
la carriera	Karriere
la dattilografa	Stenotypistin
il biglietto	Kärtchen, Zettel
la raccomandazione	Empfehlung
il vantaggio	Vorteil
il sogno	Traum
il ricordo	Erinnerung
ricordarsi	sich erinnern
andare a trovare	besuchen
ottenere	bekommen
ricorrere a qc.	auf etwas zurückgreifen
sognare	träumen
realizzare	realisieren, erfüllen
ogni tanto	ab und zu
pazientemente	mit Geduld
grazie a	dank, auf Grund von

(8) Zwei Bewerber berichten über ihre Ausbildung und Berufserfahrung. Ergänzen Sie die Texte.

Mi chiamo Paolo Iannini. Ho ____________ il liceo classico e subito dopo il __________ di maturità mi sono iscritto all'università alla ___________ di matematica. Durante lo studio ho avuto una ________ di studio e mi sono ____________ negli Stati Uniti. Dopo un anno ho deciso di interrompere gli studi e ho cominciato a lavorare _________ guida turistica.
Parlo bene due ___________: l'inglese e lo spagnolo. Il tedesco lo parlo discretamente.

Mi chiamo Angela Vecchioni e ho 26 anni. Ho frequentato l' __________ tecnico per il turismo e mi sono ______________ con il massimo dei voti. Sono di Aosta e parlo benissimo anche il ___________. Ho lavorato in due alberghi, prima per due anni ____ Inghilterra e poi, al mio ritorno, ____

Aosta. Adesso _____ esprimermi correttamente ____ inglese e sono in _________ di tenere una corrispondenza commerciale sia in inglese che in francese.

9 Erinnern Sie sich an den Text von Marcello Mastroianni in Ihrem Lehrbuch? Ergänzen Sie die Lücken und testen Sie somit Ihr Wissen!

Già da ragazzo Marcello Mastroianni aveva un grande ____________: quello di fare l'_________________.

Sua madre in quel periodo lavorava come ____________________ alla _______________ d'Italia.

Lì lavorava anche la signora Maria, che era anche la __________________ di Vittorio De Sica, uno dei più grandi ______________________ italiani.

Ogni tanto Marcello andava con sua madre a casa della signora Maria e le chiedeva di fargli un biglietto di _______________________ per il fratello.

Tutto felice allora Marcello si presentava là dove De Sica stava girando un _______________.

Ma De Sica gli diceva sempre pazientemente che era troppo ___________ e che doveva prima ___________________.

Ma Marcello dopo tre mesi era ancora lì.

Un giorno però è riuscito a _________________ il suo sogno e in seguito, durante la sua _________________ ha lavorato per tanti anni con De Sica, il _________________ che adorava.

10 Rückblick

Denken Sie an Ihre Ausbildung, an Ihren beruflichen Werdegang. Was können Sie auf Italienisch berichten? Welche Tätigkeiten gehören zu Ihrer Arbeit? Hatten Sie als Kind / Jugendliche(r) einen Traumberuf?

Hai visto che casa?

la casa	Haus, Wohnung
l'appartamento	Wohnung
la villa	Villa
il balcone	Balkon
il terrazzo	Terrasse
l'ingresso	Eingang, Entree
il salone	Salon
il salotto	Wohnzimmer, Empfangszimmer
il soggiorno	Wohnzimmer
la cucina	Küche
la stanza da letto	Schlafzimmer
lo studio	Arbeitszimmer
lo sgabuzzino	Abstellkammer

① Schreiben Sie neben die Nummer die italienische Bezeichnung für jeden abgebildeten Raum.

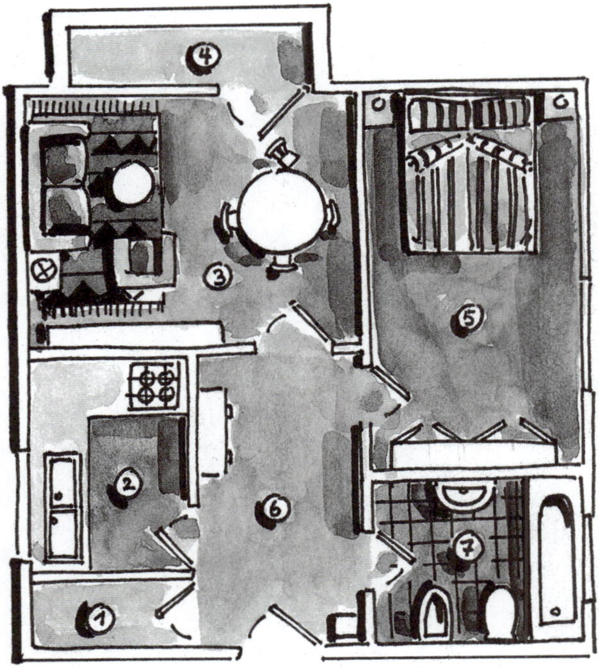

1 ____________

2 ____________

3 ____________

4 ____________

5 ____________

6 ____________

7 ____________

essere in vendita	zum Verkauf stehen
la vendita	Verkauf
misurare	messen
il metro quadrato	Quadratmeter
il metro	Meter
trovarsi	sich befinden
essere composto	bestehen
comprendere	bestehen aus, einschließen
la superficie	Fläche

② Beschreiben Sie zuerst Ihre wirkliche und dann Ihre Wunschwohnung.

La casa in cui abito si trova ____________________

comprende ____________________

ha una superficie di ____________________

La mia casa ideale dovrebbe trovarsi ____________________

dovrebbe comprendere ____________________

dovrebbe avere una superficie di ____________________

arredare	einrichten
il mobile	Möbel
la cucina a gas	Gasherd
il lavandino	Waschbecken
il comodino	Nachttisch
il letto matrimoniale	Ehebett
il letto a castello	Stockbett
l'armadio	(Kleider)schrank
la sedia	Stuhl
la libreria	Bücherregal
la scrivania	Schreibtisch
lo scaffale	Regal
la cassettiera	Kommode
la lampada	Lampe
il tappeto	Teppich
il divano	Sofa
il tavolino	Beistelltisch

la poltrona	Sessel
il bidet	Bidet
il water	Klosett
il lavabo	Waschbecken
la vasca da bagno	Badewanne

3 Cruciverba

Die markierten Kästchen ergeben den italienischen Begriff für «Spanische Wand».

1. Per guardare comodamente la televisione.
2. Ci sono dentro i vestiti.
3. Il mobile delle biblioteche.
4. Se è persiano è di ottima qualità.
5. Un tavolo da lavoro.
6. Sempre insieme al tavolo.
7. È come una poltrona, ma più grande.
8. C'è quello matrimoniale e quello a castello.
9. Di solito è accanto al letto.

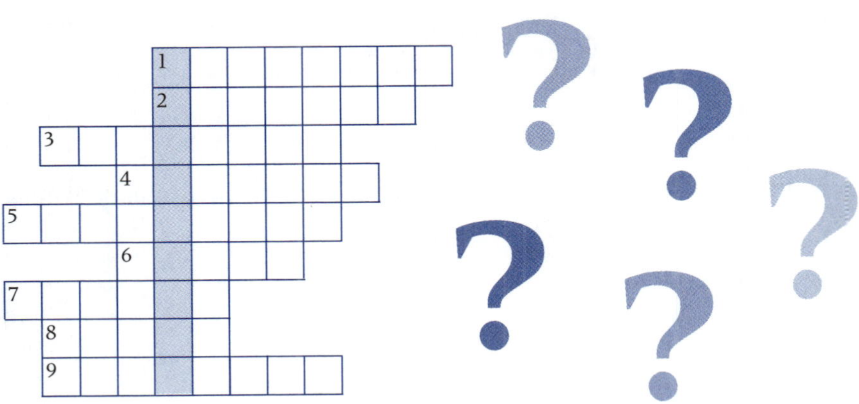

④ Das Geburtstagsfoto

Lesen Sie den Text und tragen Sie dann die Namen der abgebildeten Personen ein.

Ecco, questa è la festa che ho fatto il giorno del mio compleanno.
Sul divano ci siamo io, a destra, e Giancarlo, a sinistra; Bruno, invece, è in poltrona. Marco è quello accanto al mobile e Giulio è quello seduto sul tappeto.

⑤ Zu welchen Zimmern gehören die folgenden Gegenstände?

armadio, bidet, comodino, divano, lavabo, libreria, poltrona, scrivania, tavolo con sedie, vasca, water

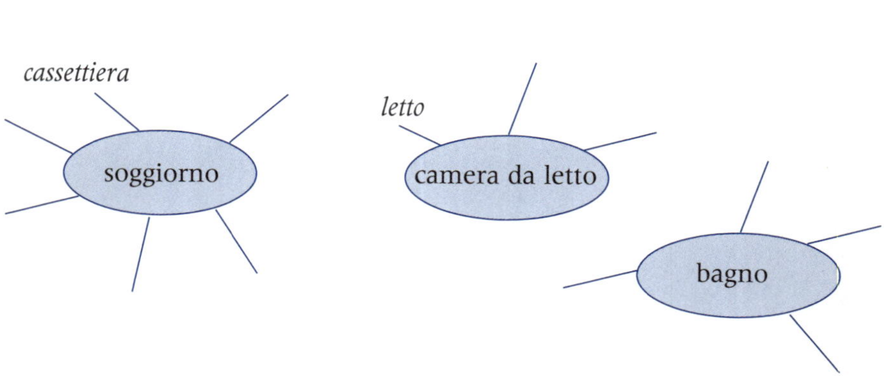

Nota bene!

Durch Anhängen von Nachsilben, z. B. durch **-ino** und **-etto**, kann man eine Verkleinerungsform, durch **-one** eine Vergrößerungsform eines Wortes bilden.
Aber Vorsicht: Nicht zu jedem Wort passt jede beliebige Nachsilbe.

⑥ Finden Sie die passenden Verkleinerungs- oder Vergrößerungsformen. Die Buchstaben in den grauen Kästchen ergeben, nacheinander gelesen, ein italienisches Sprichwort.

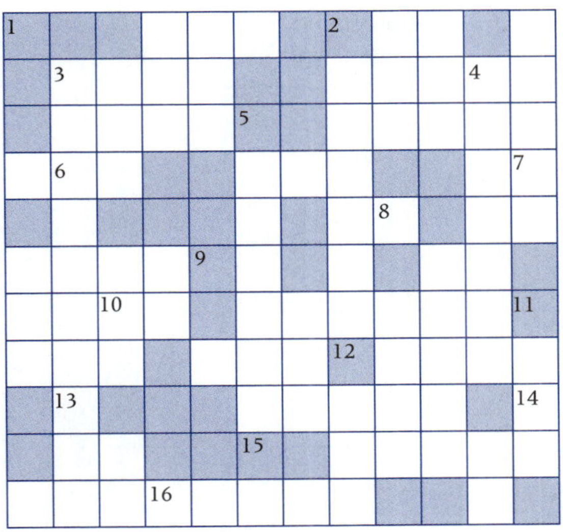

1. piccola casa
2. piccola mano
3. scarpe per bambini
4. grande porta
5. sotto la tazzina
6. per mettere lo zucchero nel caffè
7. piccola barca
8. guanti da boxer
9. stivali bassi
10. gruppo di poche persone
11. maglia pesante
12. grande sala per feste
13. grandi ombrelli da spiaggia
14. tuta leggera e aderente
15. piccolo balcone
16. piccola città

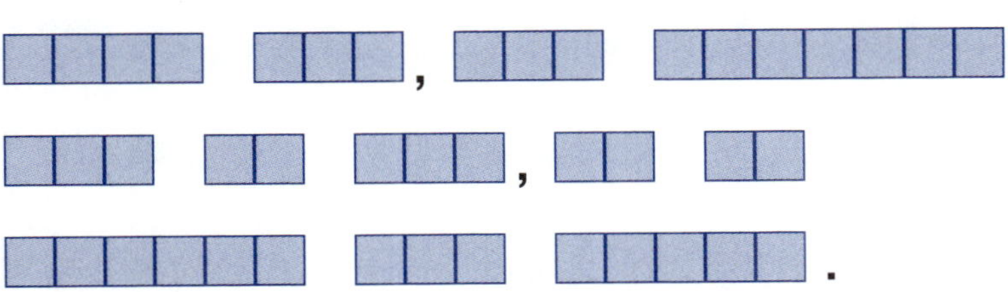

occuparsi	sich beschäftigen
dipendere	abhängig sein
chiedere un consiglio	um einen Rat bitten
prendere una decisione	eine Entscheidung treffen
la decisione	Entscheidung
riflettere	überlegen
rischiare	riskieren
comportare rischi	Risiken bergen
affrontare un rischio	ein Risiko eingehen
il rischio	Risiko
il lavoro in proprio	selbstständige Arbeit
il socio	Teilhaber, Gesellschafter
il gestore	Leiter, Geschäftsführer, Verwalter
versare un certo capitale	eine gewisse Summe einbringen
versare	einbringen
il capitale	Betrag, Summe, Kapital
l'orario rigido	feste Arbeitszeit
rigido	fest, starr, streng
il guadagno	Verdienst
guadagnare	verdienen
le ferie (*pl.*)	Urlaubstage

⑦ Fügen Sie die entsprechenden Verben oder Substantive ein.

______________	lavoro
decidere	______________
______________	riflessione
rischiare	______________
______________	guadagno
consigliare	______________

8 Fügen Sie die Verben ein.

affrontare chiedere prendere versare

a. Ti scrivo perché so che sei un amico a cui posso sempre ___________ un consiglio.

b. Per entrare a lavorare con mio cognato dovrei ___________ un certo capitale.

c. Vuoi cambiare lavoro, ma ti senti pronto ad ___________ i rischi?

d. Rifletti bene prima di ___________ una decisione così importante.

alto	hoch
basso	niedrig
superiore	höher, oberer
inferiore	niedriger, unterer
migliore	besser (*Adjektiv*)
meglio	besser (*Adverb*)
peggiore	schlechter (*Adjektiv*)
peggio	schlechter (*Adverb*)
maggiore	größer, älter
minore	kleiner, jünger
(di) più	mehr
(di) meno	weniger

9 Probieren Sie es auf Italienisch!

a. Gibt es keine besseren Plätze für das Konzert?

____

____

b. Jetzt verstehen wir und sprechen wir besser.

____

____

c. Leider geht es mir heute ein wenig schlechter.

____

____

d. Ich habe nie einen schlechteren Film gesehen.

____

____

e. Früher habe ich mehr geraucht, heute rauche ich weniger.

____

____

f. Luisa sollte mehr Salat und weniger Nudeln essen.

____

____

g. Ich habe einen älteren Bruder und eine jüngere Schwester.

____

____

h. An deiner Stelle würde ich für dieses Auto einen niedrigeren Preis zahlen.

____

____

i. Ich wohne im Erdgeschoss, meine Eltern dagegen im oberen Stockwerk.

____

____

⑩ Rückblick

Was können Sie über Ihr Haus/Ihre Wohnung berichten? Wie sollte Ihr Traumhaus sein? Wie würden Sie es einrichten?

Sentiti a casa tua!

il condizionatore d'aria	Klimaanlage
il ventilatore	Ventilator
il frullatore	Mixer
la grattugia elettrica	elektrische Reibe
l'aspirapolvere (m.)	Staubsauger
la lavastoviglie	Geschirrspüler
il lettore di cd	CD-Player
il lettore di dvd	DVD-Player
il forno a microonde	Microwellenherd
la radiosveglia	Radiowecker

1. In der vorherigen Lektion haben Sie die Namen der unten aufgelisteten Wohnräume gelernt. Wohin stellen Sie die Geräte? Verbinden Sie je einen Begriff der ersten Spalte mit dem entsprechenden der Zweiten.

segreteria telefonica	frullatore	lavastoviglie
cucina	bagno	sgabuzzino
ingresso	camera da letto	soggiorno
ventilatore	televisore	aspirapolvere

Lerntipp

Wollen Sie effektiver lernen, dann setzen Sie sich ausgeruht an die Arbeit. Ein frischer Kopf lernt besser!

girare	drehen
verso destra / sinistra	nach rechts, nach links
tirare	ziehen
pulire	putzen, sauber machen
lasciare in giro	herumliegen lassen
la formica	Ameise

invadere	über etwas herfallen
spegnere	ausschalten
la corrente salta	die Sicherung brennt durch
la corrente	Strom
innaffiare	gießen
seccarsi	verdorren
andare a male	kaputt gehen, verderben
inserire	einschalten
tenere basso il volume	nicht zu laut aufdrehen
il volume	Lautstärke
protestare	sich beklagen
l'allarme	Alarmanlage
lo stereo	Stereoanlage
la lavatrice	Waschmaschine
perdere il gas	Gas ausströmen
il gas	Gas
il rubinetto perde	der Wasserhahn tropft
perdere	*hier:* tropfen
difettoso	defekt
funzionare	funktionieren
a proposito	übrigens
altrimenti	sonst
comunque	aber, jedenfalls
tanto	sowieso
insomma	kurz und gut, also
quindi	also

② Vervollstandigen Sie den Text mit: altrimenti, a proposito, comunque, quindi, tanto.

Ciao Mario,
benvenuto a casa mia. Sono contento che il tempo è bello, così puoi goderti il mio bel terrazzo. _____________ ricordati di innaffiare le piante, _____________ si seccano. Ti ho lasciato qualcosa in frigorifero. C'è anche dello spumante. Bevilo pure, _____________ sai che io non bevo alcolici. Io ritorno fra una settimana, _____________ se c'è qualche problema, puoi chiamarmi sul cellulare. Ultima cosa: il mio vicino va a letto prestissimo, _____________ non fare troppo rumore la sera.
Ciao, Beppe

③ Welche von diesen Wörtern sind keine Imperativformen?

a. fallo – ballo – dillo – stallo

b. stacci – vacci – facci – lacci

c. dalle – stalle – valle – spalle

d. dalla – falla – dilla – palla

④ Verbinden Sie die Sätze.

a. Il film è molto bello,	fallo domani. (1)
b. Lo sanno tutti,	vacci domenica alla mostra. (2)
c. Se non puoi fare quel lavoro oggi,	dalli a qualcun'altro. (3)
d. Se non puoi andarci sabato,	vallo a vedere. (4)
e. Non ho bisogno dei tuoi consigli,	tu dillo pure a chi vuoi. (5)

⑤ Welche Sätze gehören zusammen?

a. Chi devo dire?	Grazie! (1)
b. Grazie ancora dell'aiuto!	Non ti preoccupare! (2)
c. Non arrivare in ritardo come sempre!	Sono Carlo Franchi. (3)
d. Scusi tanto!	Sì, ma molto male. (4)
e. Buon divertimento!	Figurati! (5)
f. Pronto, mi senti?	Prego! (6)

⑥ Fügen Sie folgende Verben ein.

pulire • spegnere • tirare • tenere • innaffiare

Massimo deve ...

a. __________ bene la porta di casa, altrimenti questa resta aperta,

b. __________ regolarmente le piante, altrimenti queste si seccano,

c. __________ basso il volume dello stereo, altrimenti il vicino protesta,

d. __________ bene la cucina, altrimenti le formiche gli invadono la casa,

e. __________ lo scaldabagno, altrimenti la corrente salta.

7 Ein Wort tanzt jeweils aus der Reihe. Welches?

chiudere – seccarsi – pulire – spegnere
lavatrice – frigorifero – rubinetto – scaldabagno
rovinarsi – perdere – andare a male – funzionare
prego – figurati – per carità – non c'è di che

8 Cruciverba

In diesem Kasten sind 18 Begriffe (10 waagerecht und 8 senkrecht) aus der Lektion versteckt. Die übrigen Buchstaben ergeben das italienische Wort für »Videorecorder«.

s	t	e	r	e	o	d	i	s	c	h	i
p	i	a	n	o	f	o	r	t	e	f	v
c	i	d	l	y	o	g	u	r	t	i	f
o	s	c	a	l	d	a	b	a	g	n	o
r	e	h	v	o	r	e	i	l	e	e	r
r	p	i	a	n	t	a	n	l	t	s	m
e	g	a	t	i	s	t	e	a	t	t	i
n	r	v	r	g	a	s	t	r	o	r	c
t	a	e	i	t	o	r	t	m	n	a	h
e	v	i	c	i	n	o	o	e	e	e	e
t	e	l	e	f	o	n	o	m	o	t	o

gettare	werfen
i rifiuti (*pl.*)	Abfall
per terra	auf dem/den Boden
gridare	schreien
sporcare	verschmutzen
non rispettare la fila	sich vordrängen
la norma	Regel
la civiltà	Anstand, Höflichkeit

(9) Mario hat einen sehr ungezogenen Nachbar. Vervollständigen Sie seine Beschwerde mit den folgenden Verben.

gettare • gridare • sporcare • fumare • ascoltare • rispettare • parcheggiare

Il mio vicino è veramente una persona insopportabile. Non solo a casa __________ la radio a volume alto e __________ in ascensore, ma anche quando esce, dimostra di non conoscere le più semplici norme di civiltà: __________ i rifiuti per terra, __________ in pubblico, __________ la macchina sul marciapiede e, naturalmente con il suo cane, __________ la strada. Ieri alla posta cercava anche di non __________ la fila. Insomma: è davvero una persona da evitare.

(10) Rückblick
Funktioniert alles in Ihrer Wohnung? Haben Sie sie jemals einem Freund zum Gebrauch überlassen? Haben Sie damit schlechte Erfahrungen gemacht?

Ci pensi Lei!

correggere	verbessern
spedire	(ab)schicken
archiviare	ablegen (Archiv)
fotocopiare	fotokopieren
stampare	drucken
spostare un appuntamento	Termin verschieben
disdire	absagen
l'articolo	Artikel, Aufsatz, Bericht
la relazione	Bericht
il documento	Unterlage
il contratto	Vertrag
il progetto	Projekt, Plan
il discorso	Rede
la copia	Kopie
la fotocopia	Fotokopie
il foglio	Blatt
la posta	Post
il telegramma	Telegramm
la ricevuta	Quittung
valere la pena	der Mühe wert sein
servire	benötigen, benutzen
avvertire	Bescheid sagen, benachrichtigen
mettersi d'accordo	sich absprechen

Lerntipp

Schauen Sie sich einmal fünf Minuten an Ihrem Arbeitsplatz um. Sicherlich finden Sie hier Begriffe, die für Sie besonders wichtig sind. Mit Hilfe eines Wörterbuches oder Ihres Kursleiters / Ihrer Kursleiterin finden Sie die italienische Entsprechung. Auf Kärtchen geschrieben haben Sie sie immer präsent.

LEZIONE 8

① Fügen Sie die Verben ein.

archiviare • fotocopiare • correggere • spedire • stampare • tradurre

a. È'arrivata questa lettera in inglese, adesso la dobbiamo
_________________ .

b. La mia relazione è sul dischetto, la devo _______________ e poi tutti la possono leggere.

c. Questo dossier, signorina, lo deve _______________ e darne poi uno a ogni socio.

d. La lettera è pronta, dobbiamo solo mettere l'indirizzo e poi la possiamo _________________ .

e. Questa lettera è piena di errori, qualcuno la deve
_________________ .

f. La corrispondenza commerciale con la ditta A. S. C. A. è completa. Adesso possiamo _________________ tutto.

② Cruciverba

Fügen Sie jetzt die Verben der vorhergehenden Übung ein. Die markierten Kästchen ergeben die italienische Bezeichnung für »Tastatur«.

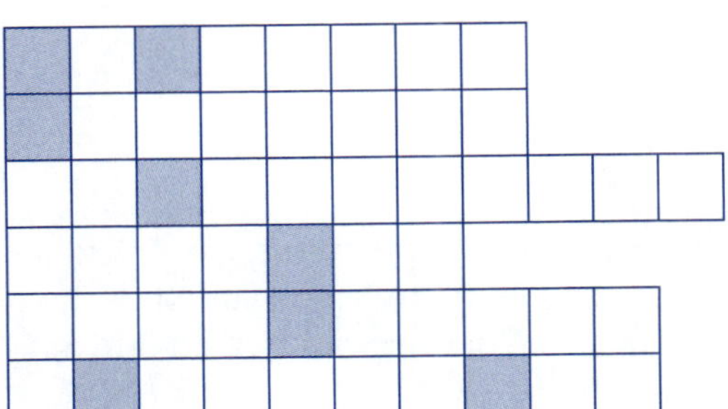

③ Ein Wort tanzt jeweils aus der Reihe. Welches?

appuntamento – documento – articolo – relazione
copia – telefonata – foglio – fotocopia
lettera – francobollo – fotocopiatrice – telegramma
computer – stampante – dischetto – ricevuta
disdire – fissare – spedire – spostare

④ In der Notiz fehlen noch drei Verben. Ergänzen Sie sie.

sposti • disdica • fissi

Signorina per favore ______________ un appuntamento al signor Trevi. Facciamo giovedì alle 11.00. L'appuntamento con l'avvocato, invece, lo ______________ alla prossima settimana e quello con il dottor Bianchi non è più necessario, quindi lo ______________ .

il capufficio	Chef, Bürochef
il dipendente	Angestellter, Untergebener
la segretaria	Sekretärin
il ragioniere	Buchhalter
il tecnico	Techniker
la traduttrice	Übersetzerin

Nota bene!

Wenn Sie bei einer Firma anrufen, meldet sich meist die Telefonzentrale. Auf Ihren Wunsch, mit einer bestimmten Person verbunden zu werden, fragt Sie oft «il/la centralinista»: **Chi devo dire?** (Wen darf ich melden?)

5 Cruciverba

Was ist Herr Paoli von Beruf? Schreiben Sie zunächst das Gegenteil der unten genannten Wörter in die Felder. Die markierten Kästchen geben Ihnen die Antwort.

1. piccolo
2. vecchio
3. tutto
4. caldo

1						
2						
3						
4						

Spett. (Spettabile)	*Anrede für eine Firma*
Egregio	Sehr geehrter
Gentile	Sehr geehrte
(Porgiamo i nostri più) distinti saluti	Mit freundlichen Grüßen
esaminare	überprüfen
essere dolente	bedauern (müssen)
avere il piacere	sich freuen
provvedere	Sorge tragen, sich kümmern
iniziare	beginnen
risolvere	lösen
assicurare	versichern
contattare	sich in Verbindung setzen, Kontakt aufnehmen
l'attenzione	Aufmerksamkeit
la proposta	Vorschlag
la gestione	Verwaltung, Führung
l'interesse	Interesse, Bemühung
la collaborazione	Zusammenarbeit
la disponibilità	Verfügbarkeit
l'attesa	Erwartung
vivamente	sehr
in ogni modo	jedenfalls
a tale proposito	diesbezüglich
al più presto	so bald wie möglich

(6) Können Sie den Brief an Herrn Foglioni rekonstruieren? Ordnen Sie die Satzfragmente. Die Großbuchstaben ergeben den Namen eines berühmten italienischen Modeschöpfers.

Egregio signor Foglioni,

E. A tale proposito Le assicuriamo fin d'ora

A. che siamo interessati all'acquisto del Suo programma

N. La ringraziamo e

T. metterci in contatto con Lei nei prossimi giorni.

V. abbiamo il piacere di informarLa

O. Le porgiamo i nostri più distinti saluti.

I. In attesa di rivederci al più presto nei nostri uffici,

N. la nostra disponibilità a

L. per la gestione del nostro archivio.

⑦ Die markierten Kästchen ergeben das italienische Wort für »Computerdrucker«.

1. Si porgono alla fine di una lettera.
2. Se è interessante si esamina.
3. Si cerca sempre di risolverlo.
4. Si assicura sempre in ogni lettera.
5. Per questa si ringrazia.
6. Si disdice se non si ha tempo.

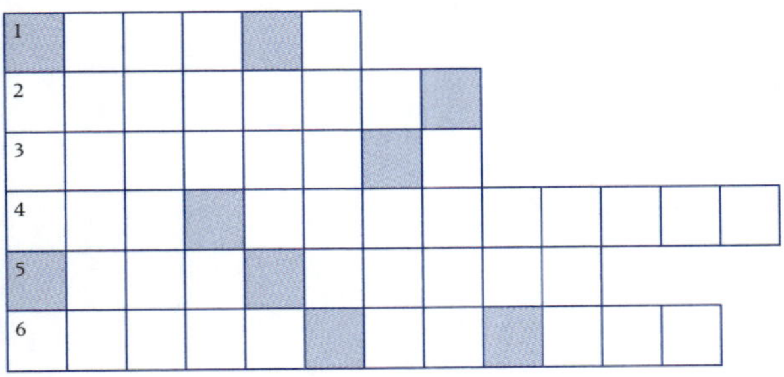

⑧ Rückblick

Haben Sie bereits Arbeitserfahrung? Sind Sie eher ein Typ, der sich einer Autorität unterwirft oder haben Sie Schwierigkeiten damit, in hierarchisch organisierten Strukturen zu arbeiten?

LÖSUNGEN

Lezione 1

1.
stadio – partita
università – conferenza
cinema – film
teatro – commedia
piazza – comizio

2.

A	P	P	L	A	U	S	O		
C	R	I	T	I	C	A			
S	P	E	T	T	A	T	O	R	I
S	U	C	C	E	S	S	O		
B	I	G	L	I	E	T	T	O	
S	I	P	A	R	I	O			
B	O	T	T	E	G	H	I	N	O
P	L	A	T	E	A				
P	U	B	B	L	I	C	O		

Lösung: Pietro Garinei

3.
concerto; partita; conferenza; commedia; balletto; opera

Lösung: Un ballo in maschera

4.
invitare; rifiutare; accettare; promettere; pregare

5.
a. Hai voglia di andare a teatro sabato sera?
b. Che ne dici di andare al mare domani?
c. Andiamo a mangiare una pizza insieme stasera?

d. Ti va di uscire con noi domani?
e. Perché domenica non facciamo una bella passeggiata in centro?
f. Volevo proporti di prendere un caffè insieme domani sera.

7.
a. il padre e la madre; b. il fratello; c. lo zio; d. il nipote; e. la cugina

8.
madre e figlio; fratelli; sorelle; padre e figlio; marito e moglie; madre e figlia; fratello e sorella

Lezione 2

1.
1. impermeabile; 2. gonna; 3. pullover; 4. camicia; 5. pantaloni

2.

		2 c	a	m	i	c	i	a		
8 c	a	p	p	o	t	t	o			
				1 c	a	l	z	i	n	i
6 c	r	a	v	a	t	t	a			
				9 s	c	i	a	r	p	a
				5 s	c	a	r	p	e	
			4 c	i	n	t	u	r	a	
		3 p	a	n	t	a	l	o	n	i
			7 g	i	a	c	c	a		

3.

b	l	e	c	r	l	l	u
c	a	m	o	s	c	i	o
s	n	c	t	e	o	n	n
i	a	s	o	t	e	o	i
u	n	m	n	a	a	f	i
o	s	p	e	l	l	e	o

4.
a. grande; b. piccolo; c. largo; d. lunga; e. corta; f. stretti

5.
1. Gianna; 2. Massimo; 3. Teresa; 4. Sergio; 5. Marta; 6. Antonio

6.
a. lunghe; b. stretti; c. alto; d. elegante; e. scuri

7.
▲ Come vanno i pantaloni?
■ Sono grandi. Non c'è una taglia più piccola?
▲ Sì, c'è la 48, ma non in questo colore.
■ E in che colore c'è?
▲ Be', in grigio o in marrone.
■ In blu non c'è?
▲ In blu ce l'ho in un modello un po' diverso.
■ Posso vederlo?
▲ Certo. Vado a prenderlo.

Lösung: TRUSSARDI

Lezione 3

1.
scaricare – accorciare – riparare – lavare – cucinare – apparecchiare – aiutare

2.
eine Tasse Kaffee
eine Teetasse
eine Flasche Bier
ein Bierglas
ein Fischmesser
ein Löffel Zucker
ein Teller Nudeln
eine Karaffe Wein

3.
1. bicchiere da vino; 2. bicchiere da acqua; 3. tovagliolo; 4. forchetta; 5. piatti; 6. coltello; 7. cucchiaio; 8. portapepe; 9. saliera; 10. caraffa; 11. coltellino; 12. forchettina; 13. bottiglia di vino; 14. tovaglia

4.

										c			
	d					s	p	u	m	a	n	t	e
g	i	o	c	o		t				s		o	
	s					e		c		s		m	
	c	h	i	t	a	r	r	a		e		b	
	h					e		r		t		o	
f	i	o	r	i		o		t		t		l	
								e		e		a	

6.
trascorre – gioca – mancano – brinda – ammazzare – salutare – accendono

7.
un dentifricio in farmacia
un accendino in tabaccheria
una penna in cartoleria
degli aghi in merceria
un etto di prosciutto in salumeria

8.
aiutare – dare una mano; cominciare – iniziare; farcela – riuscire; finire – smettere; fare in fretta – sbrigarsi; occorrere – volerci

9.
a. aiuti; b. dai una mano; c. ci vuole; d. ti sbrighi, ce la fai; e. occorre; f. smettere; riescono, g. finisce, inizia / comincia

10.

1 d										
2 d	a									
3 d	a	i								
4 d	a	t	a							
5 d	i	s	c	o						
6 d	e	c	i	n	a					
7 d	o	z	z	i	n	a				
8 d	i	c	e	m	b	r	e			
9 d	i	f	f	i	c	i	l	e		
10 d	i	v	e	r	t	i	r	s	i	
11 d	e	n	t	i	f	r	i	c	i	o

Lezione 4

2.

1 c	o	l	a	z	i	o	n	e			
2 s	t	a	z	i	o	n	e				
3 p	r	e	n	o	t	a	z	i	o	n	e
4 l	e	z	i	o	n	e					
5 i	n	f	o	r	m	a	z	i	o	n	e

Lösungswort: attenzione

3.
arrivare - l'; l'informazione; prenotare - la; durare - la; il viaggio - il; pagare - il; cambiare - il; fumare - il - il fumatore

4.
a. dura; b. ci vogliono; c. abbiamo noleggiato; d. chiedere; e. cambiare; f. fumare; g. prenotare; h. viaggiare; i. occorre

5.
a. Vorrei qualche informazione/delle informazioni/alcune informazioni.
b. Quanto viene il biglietto?
c. Quanto tempo ci vuole in treno?
d. È la tariffa più economica?
e. Ci sono ancora posti in vagone letto?
f. Può prenotare due posti accanto al finestrino?
g. Ha dei dépliant su Roma?
h. L'orario di partenza è sempre lo stesso o dipende dal giorno?
i. Mi può dare un colpo di telefono?
j. Secondo me è meglio prenotare subito.

6.
a. cuccetta, vagone letto; b. cambiare; c. treno; d. finestrino; e. mattina, pomeriggio; f. supplemento; g. cataloghi; h. ora

7.
viaggiare, tariffe, partenza, problema, cambiare, momento;
in, macchina, ci vogliono, di, vagone, comodamente, posso, con

8.
a. casello; b. pedaggio; c. autogrill; d. trasmissione, traffico; e. coda;
f. denaro - resto

9.

						I	C						
					N	A	V	E					
				C	L	A	S	S	E				
				B	I	N	A	R	I	O			
			C	U	C	C	E	T	T	A			
		B	I	G	L	I	E	T	T	O			
	S	U	P	P	L	E	M	E	N	T	O		
S	C	O	M	P	A	R	T	I	M	E	N	T	O

10.
jeep – campagna – fiume – paese – chilometro – autostop – bivio – verde – cellulare – distributore – chiuso – cugino – salatissimo

Lezione 5

1.
vitae; nome; luogo; stato; posizione; lingue; professionali

2.
iscriversi, l'; la laurea; diplomarsi, il; l'incontro; trasferirsi, il; la riunione

3.
lavorare – lavoratrice; viaggiatore – viaggiatrice; leggere – lettore; visitatore – visitatrice; fumare – fumatrice; guidatore – guidatrice; sciare – sciatrice; – scrittore; programmatore – programmatrice; nuotare – nuotatrice; insegnante – insegnante; studente – studentessa

4.
tenere una corrispondenza commerciale; prestare il servizio militare; conseguire un diploma; presentare una domanda d'impiego; fissare un appuntamento; vincere una borsa di studio

5.
ballare, suonare, sciare, nuotare, cucire, giocare, cucinare, guidare

6.
a. posso; b. Posso; c. so; d. posso; e. so; f. so

7.

					1 i	n	s	e	r	z	i	o	n	e
	2 a	p	p	u	n	t	a	m	e	n	t	o		
3 c	u	r	r	i	c	u	l	u	m					
			4 g	u	i	d	a							
					5 b	o	r	s	a					
				6 c	e	l	i	b	e					
			7 d	i	p	l	o	m	a					

8.
frequentato, diploma, facoltà, borsa, trasferito, come, lingue; istituto, diplomata, francese, in, ad, so, in, grado

9.
sogno – attore – dattilografa – Banca – sorella – registi – raccomandazione – film – giovane – studiare – realizzare – carriera – regista

Lezione 6

1.
1. sgabuzzino; 2. cucina; 3. soggiorno; 4. balcone;
5. camera / stanza da letto; 6. ingresso; 7. bagno

3.

				p	o	l	t	r	o	n	a
				a	r	m	a	d	i	o	
	l	i	b	r	e	r	i	a			
			t	a	p	p	e	t	o		
s	c	r	i	v	a	n	i	a			
			s	e	d	i	a				
d	i	v	a	n	o						
	l	e	t	t	o						
	c	o	m	o	d	i	n	o			

Lösungswort: paravento.

4.
1. Bruno; 2. io; 3. Giancarlo; 4. Marco; 5.Giulio

5.
soggiorno: cassettiera, divano, libreria, poltrona, scrivania, tavolo con sedie
camera da letto: letto, armadio, comodino
bagno: bidet, lavabo, vasca, water

6.

c	a	s	e	t	t	a	m	a	n	i	n
a	s	c	a	r	p	e	t	t	e	p	o
r	t	o	n	e	p	i	a	t	t	i	n
o	c	u	c	c	h	i	a	i	n	o	b
a	r	c	h	e	t	t	a	g	u	a	n
t	o	n	i	s	t	i	v	a	l	e	t
t	i	g	r	u	p	p	e	t	t	o	m
a	g	l	i	o	n	e	s	a	l	o	n
e	o	m	b	r	e	l	l	o	n	i	t
u	t	i	n	a	b	a	l	c	o	n	c
i	n	o	c	i	t	t	a	d	i	n	a

Lösung: Casa mia, per piccina che tu sia, tu mi sembri una badia.
(Mein Haus, wenn du noch so klein bist, mir kommst du vor wie eine Abtei/ein Palast.)

7.
lavorare; decisione; riflettere; rischio; guadagnare; consiglio

8.
a. chiedere; b. versare; c. affrontare; d. prendere

9.
a. Non ci sono posti migliori per il concerto?
b. Adesso capiamo e parliamo meglio.
c. Purtroppo oggi sto un po' peggio.
d. Non ho mai visto un film peggiore.
e. Prima fumavo di più, oggi fumo di meno.
f. Luisa dovrebbe mangiare più insalata e meno pasta.
g. Ho un fratello maggiore e una sorella minore.
h. Al posto tuo per questa macchina pagherei un prezzo inferiore.
i. Io abito al pianterreno, i miei genitori invece al piano superiore.

Lezione 7

2.
a proposito – altrimenti – tanto – comunque – quindi

3.
a. ballo; b. lacci; c. spalle; d. palla

4.
a. 4; b. 5; c. 1; d. 2; e. 3

5.
a. 3; b. 5 ; c. 2; d. 6; e. 1; f. 4

6.
a. tirare; b. innaffiare; c. tenere; d. pulire; e. spegnere

7.
seccarsi, rubinetto, funzionare, per carità

8.

s	t	e	r	e	o	d	i	s	c	h	i
p	i	a	n	o	f	o	r	t	e	f	v
c	i	d	l	y	o	g	u	r	t	i	f
o	s	c	a	l	d	a	b	a	g	n	o
r	e	h	v	o	r	e	i	l	e	e	r
r	p	i	a	n	t	a	n	l	t	s	m
e	g	a	t	i	s	t	e	a	t	t	i
n	r	v	r	g	a	s	t	r	o	r	c
t	a	e	i	t	o	r	t	m	n	a	h
e	v	i	c	i	n	o	o	e	e	e	e
t	e	l	e	f	o	n	o	m	o	t	o

Lösungswort:
videoregistratore

9. ascolta – fuma – getta – grida – parcheggia – sporca – rispettare

Lezione 8

1.
a. tradurre; b. stampare; c. fotocopiare; d. spedire; e. correggere; f. archiviare

2.
Lösungswort: tastiera

3.
appuntamento, telefonata, fotocopiatrice, ricevuta, spedire

4.
fissi, sposti, disdica

5.

1 g	r	a	n	d	e	
2 g	i	o	v	a	n	e
3 n	i	e	n	t	e	
4 f	r	e	d	d	o	

Lösungswort: ragioniere

6.
Egregio signor Foglioni,

abbiamo il piacere di informarLa che siamo interessati all'acquisto del Suo programma per la gestione del nostro archivio.
A tale proposito Le assicuriamo fin d'ora la nostra disponibilità a metterci in contatto con Lei nei prossimi giorni.

In attesa di rivederci al più presto nei nostri uffici, La ringraziamo e Le porgiamo i nostri più distinti saluti.

Lösungswort: VALENTINO

7.

1 s	a	l	u	t	i							
2 p	r	o	p	o	s	t	a					
3 p	r	o	b	l	e	m	a					
4 d	i	s	p	o	n	i	b	i	l	i	t	a
5 a	t	t	e	n	z	i	o	n	e			
6 a	p	p	u	n	t	a	m	e	n	t	o	

Lösungswort: stampante